BEI GRIN MACHT SICH IHR WISSEN BEZAHLT

- Wir veröffentlichen Ihre Hausarbeit,
  Bachelor- und Masterarbeit

- Ihr eigenes eBook und Buch -
  weltweit in allen wichtigen Shops

- Verdienen Sie an jedem Verkauf

Jetzt bei www.GRIN.com hochladen und kostenlos publizieren

Bibliografische Information der Deutschen Nationalbibliothek:

Die Deutsche Bibliothek verzeichnet diese Publikation in der Deutschen National-bibliografie; detaillierte bibliografische Daten sind im Internet über http://dnb.d-nb.de/ abrufbar.

Impressum:

Copyright © 2018 GRIN Verlag
Druck und Bindung: Books on Demand GmbH, Norderstedt Germany
ISBN: 9783346142108

Dieses Buch bei GRIN:

https://www.grin.com/document/535297

Jonas Kopp

Trainingslehre und Mesozyklusplanung. Gewichts- und Körperfettreduktion eines 41-jährigen Probanden

GRIN Verlag

GRIN - Your knowledge has value

Der GRIN Verlag publiziert seit 1998 wissenschaftliche Arbeiten von Studenten, Hochschullehrern und anderen Akademikern als eBook und gedrucktes Buch. Die Verlagswebsite www.grin.com ist die ideale Plattform zur Veröffentlichung von Hausarbeiten, Abschlussarbeiten, wissenschaftlichen Aufsätzen, Dissertationen und Fachbüchern.

Besuchen Sie uns im Internet:

http://www.grin.com/

http://www.facebook.com/grincom

http://www.twitter.com/grin_com

Deutsche Hochschule für
Prävention und Gesundheitsmanagement
Hermann Neuberger Sportschule 3
66123 Saarbrücken

Einsendeaufgabe

Fachmodul: Trainingslehre 2

Studiengang: Gesundheitsmanagement

Name, Vorname: Kopp, Jonas

Studienort: Leipzig

Semester: WS 2017

Inhaltsverzeichnis

1 Diagnose

1.1 Allgemeine und biometrische Daten

In der nachfolgenden Tabelle werden allgemeine biometrische Daten aufgelistet.

Tab. 1: Allgemeine und biometrische Daten

Allgemeine Daten	
Alter	41 Jahre
Geschlecht	männlich
Körpergröße in cm	186
Körpergewicht in kg	85
Berufliche Tätigkeit	Busfahrer im ÖPNV
Trainingsmotive	Erhöhung der allgemeinen Fitness
Frühere sportliche Aktivität	16 Jahre Amateurhandball im Verein, 3-mal 90 Minuten in der Woche
Aktuelle sportliche Aktivität	Ausdauertraining in Form von Joggen, 2-4-mal die Woche 30 Minuten
Zeitlicher Verfügbarkeit	3 Tage pro Woche, je 70-90 Minuten
Biometrische Daten	
Blutdruck	124 mmHg/86 mmHg ➢ Die Blutdruckmessung ergab, dass die Testperson einen Normblutdruck (Normotonie) besitzt. Dabei ist der systolische Blutdruck im Normalen-Bereich und der diastolische Wert im Hochnormalen-Bereich. Die Messung ist an wissenschaftliche Normwerte angelegt.
Ruhepuls	54

BMI	24,6
	➤ Die Person besitzt ein Normalgewicht. Die Berechnung ist an wissenschaftliche Normwerte angelegt
Internistische Probleme	keine
Orthopädische Probleme	keine
Einnahme von Medikamenten	keine
Sonstige Einschränkungen	keine

Tab. 2:Normwerte für die Einstufung des Blutdrucks (modifiziert nach Mancia et al.,2013)

Bewertungsstufen	Systolischer Blutdruck	Diastolischer Blutdruck
Normalblutdruck (Normotonie)		
optimal	< 120 mmHg	< 80 mmHg
normal	< 130 mmHg	< 85 mmHg
hochnormal	130-139 mmHg	85-89 mmHg
Bluthochdruck (arterielle Hypertonie)		
Stufe 1	140-159 mmHg	90-99 mmHg
Stufe 2	160-179 mmHg	100-109 mmHg
Stufe 3	> 180 mmHg	> 110 mmHg

1.1.1 Auswertung und Bewertung der Daten aus Tab. 1 und Tab. 2

Die Testperson besitzt keine gesundheitlichen- und körperlichen Einschränkungen. Der BMI der Person liegt bei 24,6 und dementsprechend im Normbereich. Der Blutdruck liegt im normalen bis hochnormalen Bereich. Aus diesen Daten lassen sich keine Einschränkungen hinsichtlich des Ausdauertrainings feststellen. Durch das regelmäßige Joggen bringt die Person Vorkenntnisse mit und ist demnach kein Anfänger.

1.2 Ausdauertestung

Der Ausdauertest wird mit dem Fahrradergometer durchgeführt mit Hilfe des IPN-Tests. Der IPN-Test erfordert nicht die maximale Auslastung der Testperson und ist daher sowohl für Anfänger, als auch für Fortgeschrittene geeignet. Anhand der Ergebnisse kann ein Makrozyklus mit mehreren Mesozyklen erstellt werden. Der IPN-Test erfolgt als Stufentest anhand des Belastungsschemas der WHO.

Tab. 3: Ausdauertest

Testdurchführung nach Belastungsschema WHO					
Testform	Stufentest, submaximal				
Eingangsbelastung	25 Watt	Umdrehungszahl in U/min	60-80	Ruhepuls vor Testung	74
Stufendauer	2 min	Pulsobergrenze in S/min	135	Puls nach 1min Ruhe	108
Belastungssteigerung	25 Watt	Abbruchgrenze in S/min	135	Puls nach 2min Ruhe	92
Zeit in Minuten	Watt	Herzfrequenz S/min			
00:00-02:00	25	74	76	77	
02:00-04:00	50	80	84	88	
04:00-06:00	75	92	95	97	
06:00-08:00	100	104	108	111	
08:00-10:00	125	117	120	122	
10:00-12:00	150	125	127	128	
12:00-14:00	175	132	135	137	
Watt/kg	175/85 = 2,05				
Bewertung nach IPN-Normtabelle	0,62-0,63 = ø (liegt im durschnittlichen Bereich)				

1.2.1 Auswertung Ausdauertest

Die Abbruchgrenze lag bei 135 S/min und wurde innerhalb der sechsten Stufe erreicht. Die Testperson erreichte eine Herzfrequenz von 137 S/min. Laut der IPN-Normtabelle liegt die Person mit 2,05 Watt/Kg im durchschnittlichen Bereich. Die Trainingsherzfrequenz wird nach IPN-Formel berechnet und liegt bei 129S/min und gilt für Fahrrader-gometer und Ruderergometer. Für das Laufband liegt die Trainingsherzfrequenz bei 135 S/min.

1.2.2 Gesundheits- und Leistungsstatus

Die Testperson besitzt keinerlei Einschränkungen und steht unter keiner medikamentösen Behandlung. Der Blutdruck liegt im Normbereich von 124 mmHg/86 mmHg, wobei der diastolische Blutdruck im Hochnormalen Bereich liegt. Mit 2,05 Watt/Kg Körpergewicht liegt die Person im durchschnittlichen Bereich nach der IPN-Normtabelle. Des Weiteren ist die Testperson mit dem Ausdauertraining vertraut. Angesichts dieser Tatsachen ist der Proband für ein Ausdauertraining gut geeignet.

2 Zielsetzung

In der folgenden Tabelle werden die Ziele des Probanden aufgezeigt

Tab. 4: Zielfestlegung

Ziel	Zeit	Erläuterung
Leistungssteigerung	12 Wochen	➢ Erhöhung der Wattzahl um 20% ➢ Messung durch Re-Test nach IPN-Methode unter dem Belastungsschema der WHO
Körperfettreduktion	6 Wochen	➢ Körpergewichtsreduktion auf 82 Kg bei gleicher Ernährung
Blutdrucksenkung	12 Wochen	➢ Diastolischer Wert soll im normalen Bereich liegen

3 Mesozyklusplanung

3.1 Mesozyklus im Überblick

In der folgenden Tabelle wird der Mesozyklus grob dargestellt.

Tab. 5: Grobplanung des Mesozyklus

Mesozyklus	
Dauer	6 Wochen
Trainingsziel	GA 1 Aufbau
Belastungsumfang/Woche	2-4,5 Stunden
Trainingsmethode	Variable Dauermethode
Trainingsintensität	70% Hf_{max}
Trainingsdauer pro Einheit	60-90 min
Trainingshäufigkeit/Woche	2-3
Trainingsgerät	Fahrradergometer, Crosstrainer

3.2 Detailplanung Mesozyklus

In der folgenden Tabelle wird der sechswöchige Mesozyklus detailliert dargestellt.

Tab. 6: Detailplanung des Mesozyklus

	Woche 1			Woche 2		
	Mo	Mi	Fr	Mo	Mi	Fr
Trainings-ziel	GA 1 Aufbau		GA 1 Aufbau	GA 1 Aufbau	GA 1 Aufbau	
Trainings-methode	Variable Dauerme-thode		Variable Dauerme-thode	Variable Dauerme-thode	Variable Dauerme-thode	

Trainings-intensität	70% Hf_{max}		70% Hf_{max}	70% Hf_{max}	70% Hf_{max}	
Trainings-herzfrequenz	132 S/min		138 S/min	138 S/min	132 S/min	
Trainings-dauer in Minuten	60		60	60	60	
Ausdauer-gerät	Fahrrader-gometer		Crosstrai-ner	Crosstrai-ner	Fahrrader-gometer	
	Woche 3			Woche 4		
Trainings-ziel	GA 1 Sta-bilisation	GA 1 Sta-bilisation	GA 1 Stabili-sation	GA 1 Sta-bilisation	GA 1 Sta-bilisation	GA 1 Stabili-sation
Trainings-methode	Variable Dauerme-thode	Variable Dauerme-thode	Variable Dauer-methode	Variable Dauerme-thode	Variable Dauerme-thode	Variable Dauer-methode
Trainings-intensität	70% Hf_{max}	70% Hf_{max}	70% Hf_{max}	70% Hf_{max}	70% Hf_{max}	70% Hf_{max}
Trainings-herzfrequenz	132 S/min	138 S/min	132 S/min	138 S/min	132 S/min	132 S/min
Trainings-dauer	75	75	80	80	80	85
Ausdauer-gerät	Fahrrader-gometer	Crosstrai-ner	Fahrrad-ergome-ter	Crosstrai-ner	Fahrrader-gometer	Cross-trainer

	Woche 5			Woche 6		
Trainings-ziel	GA 1 Aufbau	GA 1 Aufbau	GA 1 Aufbau	GA 1 Aufbau	GA 1 Aufbau	GA 1 Stabili-sation
Trainings-methode	Variable Dauerme-thode	Variable Dauerme-thode	Variable Dauer-methode	Variable Dauerme-thode	Variable Dauerme-thode	Variable Dauer-methode
Trainingsinten-sität	70% Hf_{max}	70% Hf_{max}	70% Hf_{max}	70% Hf_{max}	70% Hf_{max}	70% Hf_{max}
Trainings-herzfre-quenz	132 S/min	138 S/min	132 S/min	138 S/min	132 S/min	132 S/min
Trainings-dauer	80	85	90	90	90	90
Ausdauer-gerät	Fahrrader-gometer	Crosstrai-ner	Fahrrad-ergome-ter	Crosstrai-ner	Fahrrader-gometer	Cross-trainer

3.3 Begründung

3.3.1 Belastungsumfang

Die Testperson besitzt die Möglichkeit zwei bis dreimal pro Woche Ausdauertraining zu betreiben. Zum Einstieg an die Belastung startet der Proband mit zwei Einheiten pro Woche. Ab der dritten Woche wird eine zusätzliche Trainingseinheit absolviert. Des Weiteren wird versucht, die Trainingsdauer zu erhöhen. Über den gesamten Mesozyklus wird die Trainingsdauer bis auf max. 90 Minuten erhöht.

Regelmäßige körperliche Aktivität im Alltag oder auch zusätzliche sportliche Betätigung hat somit nicht nur günstige Auswirkungen auf Risikofaktoren und chronische Begleiterkrankungen, sondern senkt auch das Mortalitätsrisiko. Die damit verbesserte körperliche Fitness lässt sich in Form der maximalen Sauer-stoffaufnahme, sowie über das Herzfrequenz- und Laktatverhalten unter stan-dardisierter Ergometerbelastung individuell bestimmen. (Hauner, Berg, 2000, S.772)

3.3.2 Trainingsmethode und Trainingsintensität

Der durch den IPN-Test festgestellten Trainingsintensität zufolge trainiert die Testperson im Bereich der variablen Dauermethode. Dabei liegt die Belastungsintensität bei 70% HF_{max}. Selbst bei dieser relativ geringen Intensität findet nach kurzer Zeit eine Progression statt. Durch die variable Dauermethode wird der Fettstoffwechsel angeregt und es findet eine Anpassung des Herz-Kreislauf-Systems statt. Dabei bewegt sich der Proband zwischen der aeroben und anaeroben Schwelle. Bei diesem Ausdauertraining wird die Energie hauptsächlich aus dem aeroben Fett- und Kohlenhydratstoffwechsel gewonnen. Die Laktat Belastung liegt bei 3 mmol/l und entspricht daher dem geringen bis mittleren Bereich.

3.3.3 Ausdauergeräte

Da Fahrradergometer und Cross- oder Ellipsentrainer geführte Maschinen sind, ist die Bewegung einfach auszuüben. Dadurch ist die Wahrscheinlichkeit sehr gering, dass Fehler während des Trainings auftreten. Der Ellipsentrainer und das Fahrradergometer lassen das Training auch mit längerer Trainingsdauer zu, da die lokale Muskelermüdung gering ist. Ein weiterer Grund ist, dass die Belastung am Fahrradergometer exakt dosierbar und jederzeit anpassbar ist. Durch den Armeinsatz während des Trainierens am Ellipsentrainer werden große und vor allem viele Muskelbereiche angesprochen, was zu einer höheren Muskelarbeit führt. Dies hat zur Folge, dass das Herz-Kreislauf- System sehr gut trainiert wird und der Energieverbrauch steigt.

4 Literaturrecherche

4.1 Effekte des Ausdauertrainings bei Übergewicht/Adipositas

In der folgenden Tabelle werden zwei Studien gegenübergestellt.

Tab. 7: Literaturrecherche

	Studie 1	Studie 2
Wer hat die Studie durchgeführt?	Tomas Kaufmann	Matthias Ott
In welchem Jahr wurde die Studie publiziert?	2012	2005
Mit welchen Versuchspersonen wurden die Studien durchgeführt?	➤ 751 Personen, 392 Trainingsanfänger und 359 Fortgeschrittene im Alter von 19-65 Jahren (S.79) ➤ 350 Frauen und 401 Männer (S.79) ➤ BMI bei allen Testpersonen höher als 25 kg/m² (S.79)	➤ 60 sportlich inaktive Männer im Alter von über 50 Jahren (S.12) ➤ BMI bei allen Testpersonen höher als 26 kg/m² (S.12)
Wie sah der Versuchsaufbau aus?	751 Testpersonen sollten an einer 24-monatigen Untersuchung teilnehmen, an der die Körperzusammensetzung untersucht wird. Diese soll sich durch Ernährung und Sport verändern. (S.79)	Die Testpersonen wurden in drei Gruppen eingeteilt. Gruppe eins absolvierte das Training als Walking- oder Laufgruppe. Gruppe zwei war die Radgruppe und die dritte Gruppe die Kontrollgruppe. Alle Gruppen absolvierten ein ausdauerorientiertes Training. Ohne diätische Ernährung. Diese

		Studie verlief 6 Monate. (S.12)
Welche relevanten Ergebnisse und Schlussfolgerungen lieferten die Studien?	Der Körperfettanteil durch Ausdauer- und Krafttraining ist gering bis nicht vorhanden. Es muss zusätzlich ein Kaloriendefizit stattfinden, um auf Dauer Erfolge zu erzielen. Bei den Trainingsanfängern waren die größten Erfolge durch Ausdauertraining innerhalb der ersten drei Monate zu erkennen. (S.199)	Durch das ausdauerorientierte Training verloren die Testpersonen Körperfett und bauten gleichzeitig geringfügige Muskelmasse auf. Durch zusätzliche diätische Ernährung wäre der Körperfettanteil nochmals mehr gesunken. Des Weiteren steigerten alle Testpersonen ihre Leistung und schlossen bei dem Stufentest nach WHO-Schema besser ab, als zu Beginn der Studie. (S.89)

Beide Studien bestätigen, dass die Verbindung von Ausdauertraining und ein Kaloriendefizit am effektivsten sind, um Körperfett zu verlieren. Des Weiteren ist die Reduktion von Körperfett weniger effektiv, wenn einzig nur Ausdauertraining betrieben wird. Die Studien belegen das Leistungszuwächse stattgefunden haben. Besonders zu Beginn waren die Leistungssprünge am größten.

5 Literaturverzeichnis

Hauner, H. & Berg, A. (2000). Körperliche Bewegung zur Prävention und Behandlung der Adipositas. Deutsches Ärzteblatt, 97 (12), 768-774.

Kaufmann, T. (2012): Dissertation: *Die Veränderung der Körperzusammensetzung als Ausdruck homöostatischer Regulationsprozesse.* Ruprecht-Karls-Universität Heidelberg

Mancia, G., Fagard, R., Narkiewicz, K., Redon, J., Zanchetti, A., Böhm, M. et al. (2013). 2013 ESH/ESSC Guidelines for the management of arterial Hypertensio. The task force for the management of arterial hypertension of the European Society of Hypertension (Esh) and of the European Society of Cardiology (ESC). *Journal of Hypertension*, 31 (7), 1281-1357

Ott, M. (2005): Diplomarbeit: *Metabolische Effekte einer sechsmonatigen, ausdauerorientierten Trainingsintervention auf Parameter des kardiovaskulären Risikoprofils bei übergewichtigen Männern über 50 Jahren.* Deutsche Sporthochschule Köln

6 Abbildungs- und Tabellenverzeichnis

6.1 Tabellenverzeichnis

Tab. 8: Allgemeine und biometrische Daten